UN VOYAGE A ROME.

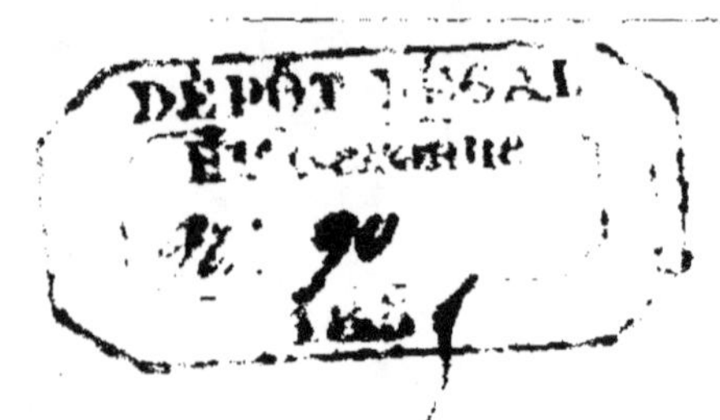

UN VOYAGE A ROME

—

Béatification de Germaine Cousin

Rome, le 8 mai 1854.

MON CHER AMI,

Tu connaissais le projet que je nourissais depuis longtemps de voir Rome et ses monuments; j'en renvoyais tous les ans l'éxecution à des temps meilleurs, et il est probable qu'il ne se fût jamais réalisé sans la béatification de Germaine Cousin, qui devait avoir lieu le 7 mai courant dans la basilique de Saint-Pierre ;

A des motifs artistiques s'en joignit un religieux, et je n'hésitai plus ; je fis mon paquet à la hâte, et je partis de Saint-Gaudens le 27 avril dernier à dix heures du soir, pour aller coucher le 28 à Montpellier, d'où les wagons me transportèrent le lendemain à Marseille en six heures :

C.

Ne sois pas surpris du peu de temps qu'on emploie à parcourir une aussi longue distance, avec nos chemins de fer on ne voyage pas, on vole et l'on arrive : si, en montant en voiture, tu as le bonheur de te livrer au sommeil, ou d'entamer une conversation avec ton voisin, quand le vagon s'arrète, tu te trouves à Nimes ou à Tarascon, ou déjà rendu à Marseille.

Le départ du *paquebot*, qui devait me transporter à Civita-Vechia, étant retardé par la grosse mer, force me fut d'attendre trois jours ; je profitai de ce retard pour visiter cette ville ainsi que celle de Toulon, et je te transmets les impressions qui me sont restées sur ces deux importantes villes du midi de la France.

Marseille.

Cette ville se divise en ville ancienne, et en ville moderne : la première, bâtie six cents ans avant la venue de Jésus-Christ, par une colonie de Phocéens, se groupe tout autour du plus beau port de la Méditerrannée, et ne s'étend que jusqu'à la belle promenade du Cours :

La ville moderne, qui a été bâtie au nord et à l'est de cette promenade, est régulièrement construite ; comme à Nimes, Montpellier et à Beziers, l'on y trouve des rues droites et larges, des promenades superbes, de très belles fontaines : les maisons y sont vastes, bien bâties, mais peu habitées ; on ne trouve pas dans cette partie de ville, l'animation d'un port de commerce.

C'est dans l'ancienne ville qu'est concentrée la population ouvrière et marchande ; à chaque instant tu es coudoyé par des marins, des négociants, des agents d'affaires ; il faut éviter les charrettes lourdement chargées, des voitures, des omnibus, des brouettes traînées par des hommes de peine : c'est un véritable cahos.

Si tu arrives au port, c'est plus encombrant encore : tu y trouves des marchandises prêtes à être embarquées, des tas de blé que l'on purge, des barriques qui roulent vers le port ou les magasins, des balles de laine de l'Orient, des sacs de minot et de riz, des caisses de fruits secs, d'oranges, de citrons, de savon ; c'est à n'en pas finir, et ces marchandises gênent tellement la circulation qu'on a de la peine à s'en tirer. N'aille pas chercher la propreté dans cette partie de ville, tu n'y trouveras que des ordures, des eaux stagnantes, une population peu honnête et salement vêtue ne s'embarassant que de ses propres affaires.

Avant tout l'habitant de Marseille est marchand. Oblige-le sans t'attendre à sa reconnaissance, il n'a pas le temps d'y penser ; il a fallu que le choléra ait fait un tour de France, pour qu'après 130 ans, Marseille ait songé à ériger une statue en bronze à Mgr de Belzunce, son vénérable évêque qui se dévoua au salut de son troupeau, lorsqu'en 1720, la peste décima la population de la ville.

Ne cherche pas l'art architectural dans cette ville, tu n'y distingueras qu'un arc de triomphe, une statue, la belle rue de la Canebière, et un hôtel de la Mairie ; tu n'y trouveras pas une cathédrale pas même une Bourse digne de ce nom.

Notre-Dame-de-la-Garde :

Je dois un souvenir à la pittoresque chapelle de Notre-Dame de la Garde, bâtie sur un rocher qui domine le port et la ville : ses murs sont littéralement tapissés par des tableaux et des *ex-voto* que la reconnaissance des marins a offerts à la bonne Vierge, étoile de la mer ; la pieuse et généreuse libéralité de ces braves matelots, a de plus fourni presqu'en entier, l'argent nécessaire à l'acquisition de cette belle cloche qu'on voit appendue au sommet de la tour : elle n'a pas moins de sept mètres de circonférence, deux mètres 50 centimètres de diamètre et autant de hauteur, elle pèse 12,000 kilogrammes ; ornée d'une bordure de feuilles d'achante au fond, d'autre bordure formée par des médaillons des douze apôtres, de deux écussons qui renferment l'un la statue de la Vierge, l'autre les armoiries de l'évêque, parsemées d'étoiles en relief et dorées : c'est bien la plus belle et la plus jolie cloche de France.

On ne pouvait la mieux placer qu'au haut de la tour de la chapelle : quand la mer est tourmentée par les tempêtes et que les vagues viennent se briser contre les rochers, les marins du port accourent invoquer Notre-Dame de la Garde pour leurs frères en danger, pendant que vingt bras vigoureux mettent en branle la grosse cloche destinée à faire monter leurs prières au plus haut des cieux.

Telle est, mon cher ami, la ville de Marseille. Le touriste y a peu de chose à glaner, et se hâte d'en sortir pour visiter Toulon et son arsenal.

TOULON.

Moins grande et moins peuplée que Marseille, la ville de Toulon a un type particulier qui la fait préférer à toutes les villes du midi. La population y est bonne, affable et obligeante ; on s'aperçoit bien vite que de longue main elle s'est trouvée en contact avec les officiers de notre marine militaire, et qu'elle y a gagné cette urbanité qui les distingue :

à Toulon, tout paraît militaire, la ville, les habitants, les édifices publics.

Le port est majestueux : ce ne sont plus des vaisseaux marchands, des barques de caboteurs ; ce sont des vaisseaux de haut-bord avec leurs 800 hommes d'équipage, des corvettes, des brick coquettement pavoisés ; l'on y voit encore *à la retraite,* et couverte d'une toiture en tolle, la belle corvette sur laquelle Sa Majesté l'Empereur Napoléon revint d'Egypte pour sauver la France de l'anarchie; plus loin le vaisseaux à trois ponts le *Napoléon,* de 101 canons prêt à mettre à la voile pour transporter en Orient 1200 nouveaux combattants; et après avoir visité le port avec ses bâtiments de guerre, l'hôpital de la marine et ses jardins, le Mourillon avec ses approvisionnements de bois, l'on n'a rien vue si l'on n'entre dans l'arsenal maritime.

L'arsenal, c'est une nouvelle ville dans la ville; les ateliers y sont si nombreux et si vastes, que plus de 4000 forçats et 6000 ouvriers civils y travaillent sans encombrement ; au centre de cet établissement, et communiquant avec la mer, a été creusé un vaste bassin où peuvent entrer les vaisseaux qu'on veut armer en guerre, et ceux à radouber : tout s'y fait avec un ordre admirable : pas de gène, tout est à sa place, chaque ouvrier connaît sa tâche et la remplit sous la surveillance de chefs intelligents et parternels, les forçat même y sont traités avec bonté.

Quelques heures ne suffisent pas pour voir imparfaitement tous les ateliers de l'arsenal, sa belle salle d'armes, sa corderie, il faudrait plusieurs mois : cependant, pressé que l'on est par l'heure du départ des diligences, vous quittez ces lieux avec peine, après avoir acheté quelques-uns des nombreux objets en coco, ivoire et carton, confectionnés par les forçats ; et vous vous encoffrez dans les plus mauvaises voitures du midi, qui vous ballotent en tout sens, pendant toute une nuit ; si tu veux voir Toulon, attends qu'on y ait fait un chemin de fer

La Mer.

Le voyageur qui n'a jamais vu la mer, et qui s'embarque pour la première fois, éprouve un sentiment de frayeur difficile à comprimer; quand il pense qu'il n'est séparé de l'éternité que par une planche que le moindre choc peut rompre, il est découragé, il a peur : mais lorsque la vapeur l'a transporté à quelques milles au large, il se rassure et se compare à un nouveau Christophe-Colom, impatient de découvrir de nouvelles terres.

Gênes.

De trois lieues en mer, on découvre la ville de Gênes, bâtie en amphithéâtre sur un côteau couvert d'oliviers; rien de plus frais que ses maisons, de plus riant que ses jardins; c'est bien encore la superbe Gênes ; assise sur un tronc de granit, protégée par de nombreux forts, baignée par la Méditerrannée, elle semble commander à la mer : son port est grand et sûr, ses rues larges, ses maisons sont des palais.

Il faut voir à Gênes la demeure des anciens Doges, flanquée des églises des jésuites et de Saint-Laurent : dans cette dernière église, la chapelle à gauche en entrant, où l'on fait voir le plat en coquille transparente, garni d'une bordure frangée en or, sur lequel fut déposée la tête de saint Jean-Baptiste, pour être offerte à Hérodiade, ainsi qu'un vieux reliquaire en argent garni de diaments dans lequel sont déposées les cendres du saint : on doit y admirer huit statues et les quatre colonnes en marbre de Palestine, qui soutiennent le baldaquin qui recouvre l'autel.

L'Eglise de Carignan ne doit être visitée que pour ses tableaux, principalement pour celui de saint Sébastien et d'Alexandre Sauli par le Puget qui passent pour des chefs-d'œuvre.

L'Anonciade.

Une mention toute particulière doit être donnée à l'Eglise de l'Anonciade, dont la splendeur est due à la famille de Lomellini ; tu n'y trouveras aucun pan de mur qui ne soit recouvert par des marbres blancs, par des dorures, ou par des peintures faites par les plus grands maîtres ; tu y remarqueras un bijou de chaire à prêcher, reposant sur une colonne élégante admirablement sculptée ; depuis les mosaïques du pavé jusqu'au sommet des voûtes, tout est admirable : il y a tant de marbres, tant de dorures, que cette profusion paraît être un défaut ; illuminée, cette église doit produire un effet féerique.

La Ville.

Si les église de Gênes sont belles, ses palais sont somptueux ; il n'y en a pas dix, il n'y en a pas vingt, on les comptes par centaines ; des rues entières en sont bordées, et ces habitations semblent avoir été bâties pour des rois : ce sont des pérystiles, des colonnades, des statues, des jets-d'eau ; je me croyais encore dans l'Anonciade, ou dans un musée de Naples. Si le bonheur se trouvait dans les palais. qu'on serait heureux à Gênes ! je sortis avec peine de ce séjour délicieux, pour remonter sur le bateau qui devait me conduire le lendemain à Livourne.

LIVOURNE.

Ancien petit village dont Cosme de Médicis fit une ville qui a compté 50,000 habitants, Livourne n'offre aujourd'hui rien de remarquable que son port de mer franc. Après avoir visité à la course, son arsenal, son église arménienne, sa synagogue des juifs et le cimetière des Anglais, on se hâte de partir pour Pise par le chemin de fer.

PISE et CIVITA-VECHIA.

Comme dans toutes les villes épiscopales d'Italie, vous trouvez à Pise une belle cathédrale gothique, une tour inclinée, et un beau baptistaire en forme de rotonde, où l'on baptisait autrefois par immersion : enfin le Campo-Santo, vaste cimetière entouré d'un portique gothique en marbre et en porphire : les anciens chevaliers croisés en avaient défoncé le sol, qu'ils avaient remplacé par de la terre transportée à grand frais, de la Palestine ; ce n'est aujourd'hui qu'un musée dont s'énorguillerait une ville de province de France; mais il est peu estimé en Italie.

Je m'ennuyai bien vite dans cette ville déchue de son ancienne splendeur : que ne me fut-il permis d'aller visiter les belles galeries des Médicis à Florence? mais le capitaine de vaisseau est si ponctuel qu'il n'attend personne ; il fallut me résoudre a prendre le chemin du bord, pour être transporté le lendemain matin à Civita-Vechia, petit port de mer du Pape, où l'on ne demeure que le temps nécessaire pour se procurer une diligence qui, en 9 ou 10 heures vous transporte à Rome.

Le Désert

Elles sont longues ces heures passées en voiture dans le désert : rien ne captive votre attention ; ça et là, quelques gran es inhabitées ; deux chateaux gothiques baignés par la mer avec leurs

tourelles, leurs machicoulis et leurs
meurtrières ; un petit village presque
exclusivement habité par des douaniers ;
c'est tout ce que j'ai remarqué dans les
quarante sept milles qui séparent Rome
de Civita-Vechia.

A défaut d'hommes vous trouvez à
chaque pas des troupeaux de vaches et
de cavales avec leurs nourissons grands
et petits ; des moutons et des brebis,
par milliers, de grands bassins où peuvent se desaltérer des centaines d'ani-
maux à la fois ; c'est bien là la terre des
patriarches, et le souvenir d'Abraham,
d'Isaac et de Jacob, se présente natu-
rellement à votre esprit.

A Rome.

Deux heures de chemin vous séparent encore de Rome, lorsque vous ap-
percevez la coupole de Saint-Pierre ; le
cœur du voyageur se dilate, lorsqu'il
pense que dans quelques moments il
contemplera la plus belle basilique de
l'univers : mais son désir n'est satisfait
qu'à demi, il arrive de nuit dans la ca-

pitale du monde chrétien : en passant il jette un coup d'œil sur la basilique, sur le superbe obélisque qui se dresse sur la place, sur le château Saint-Ange et le pont Emilien, et descend de voiture au bureau des diligences d'où il se dirige à pied vers l'Hôtel de la Minerve.

Le Soldat cicéroné.

N'attends pas une description de Rome, j'ai hâte de te conter la cérémonie de la béatification qui eut lieu le lendemain de mon arrivée.

N'ayant pû me présenter chez les personnes auprès des quelles j'étais recommandé, j'eus recours à un jeune maréchal-des-logis d'artillerie, mon compatriote : à cinq heures du matin je le réveillais à la caserne du fort Saint-Ange, et il se fit un plaisirs de me servir de ciceroné ; bien m'en vallut, car a Rome, la meilleure protection est celle du soldat français, on le paye en bienveillance de la sécurité qu'il a rendue aux hommes d'ordre, et de la terreur que sa présence inspire aux méchants ; pour lui aucune porte n'est fermée, il entre dans les église, les palais, les musées, au vatican, voire même dans les jardins du Pape.

SAINT-PIERRE.

En jetant de loin les yeux sur la basilique et sur la gigantesque coupole, vous ne pourriez concevoir que ce soit là le plus beaux temple de l'univers. Rien de religieux dans sa façade : l'obélisque, les deux colonnades qui bordent la place et vont se relier au portique du temple, tout vous paraît mesquin, petit, bas, et peu digne de remarque : mais, lorsque vous avez dépassé l'obélisque et les deux jets-d'eau qui projettent leurs filets limpides vers les cieux ; qu'avant de monter les 32 marches duparvis, vous avez vû de près les statues de saint Pierre et de saint Paul, ouvrages modernes de Fadollini et de Fabrés ; quand vous êtes entré dans le beau portique qui précède l'église, et qui vaut à lui seul une cathédrale ; qu'a votre droite vous avez vû une superbe

statue équestre de Constantin par le
Bernin ; à votre gauche celle de Charle-
magne par Cornacchini ; cette illusion
d'optique est bientôt dissipée, tout vous
semble grand, et tout l'est en effet.

Avant d'entrer dans la basilique, ad-
mirez la porte principale, ouvrage d'A-
vernnilo, scup'eur florentin ; les deux
portes secondaires, *la porta sancta*
qu'on n'ouvre qu'en temps de Jubilé, et
la porte des trépassés ; cinq portes dont
les montants en bronze ont un pied d'é-
paisseur !...

Entrez dans la grande nef qui a 800
palmes de longueur sur 100 de largeur ;
avancez jusqu'au tombeau de saint Pierre
placé sous la coupole ; considérez ce bel
autel, où Sa Sainteté le Pape officie pon-
tificalement, avec son baldaquin soutenu
par quatre colonnes torses en bronze,
ouvrage de Bernin ; levez les yeux pour
admirer cette belle Coupole qui, majes-
tueuse, s'élance dans les airs ; Raphaël y
a imprimé son immortel génie dans des
peintures à fresque qui semblent faites
de hier ; au-dessous de la première cor-
niche, lisez cette inscription en lettres

d'or : « *Tu es Petrus, et super hanc pe-*
« *tram, dificabo œecclesiam meam, et*
« *portæ inferi non prœvalebunt adver-*
« *sùs eam* », et dites si l'homme ne se
trouve pas bien petit au milieu de tant
de merveilles, et si son premier mouve-
ment n'est pas de se prosterner pour
prier le Dieu qui est digne d'être adoré
dans un temple aussi magnifique :

Ne vous éloignez pas sans remarquer
ces 77 lampes qui, nuit et jour, brulent
au tombeau du premier des apôtres, et
sans admirer cette belle statue en marbre blanc de Canova, représentant Pie
VI agenouillé au tombeau de saint Pierre.
Remarquez aussi la statue de saint
Pierre, de sainte Hélène, de sainte Vé-
ronique et de saint André, placées comme
autant de sentinelles tout autour du tombeau ; et cette autre statue de saint
Pierre, en bronze, dont les pieds sont
presqu'usés tant ils ont été baisés par
les fidèles ; ce sont des chefs-d'œuvre
immortels, et ce ne sont pas les seuls,
l'église en est remplie ; il faut les admirer en détail. Suis-moi, mon ami, notre
visite va commencer à la porte d'entrée

de droite et se terminera à la porte de sortie de gauche.

1o Considére d'abord la chapelle où se trouve le groupe de la Pitié, que Michel-Ange exécuta à 24 ans.

Dans la même chapelle, à droite, la sainte colonne où Jésus-Christ fut attaché pendant sa passion.

A gauche, le crucifix en bois sculpté par Cavallin..

2o Entre les deux premiers pilastres.

A droite, le monument sepulchral de Léon XII.

A gauche celui de Christine, reine de Suède, par le Bernin.

3o Plus loin, remarque la chapelle de saint Sébastien avec ses tableaux en mosaïque.

4. Entre les pilastres qui suivent :

A droite, le tombeau d'Innocent XII, par Philippe-Valle ;

A gauche, celui de la comtesse Mathide, par Teudou.

5. Dans la chapelle du Saint-Sacrement :

A droite, le monument funèbre, en bronze de Sixte IV, par Pallagoto, et un autel en mosaïque du Carravage.

A gauche, un superbe buffet d'orgues.

6. Entre les pilastres qui viennent à
suite :

A droite, le monument sépulchral de
Grégoire XIII, par Rusconi.

A gauche, celui de Grégoire XIV, par
le même.

7. Plus loin, admire la chapelle gré-
gorienne construite sur les dessins de
Michel-Ange :

A droite, le monument sépulchral de
Grégoire XVI, par Amicci.

A gauche, celui de Bénoit XIV, par
Bracci.

Contre le massif, le magnifique tableau de saint Jérome, mosaïque d'après
le Dominicain ; et vis-à-vis l'autel de
saint Bazile un tableau en mosaïque de
Cristofari.

8. Dans le transepts de droite :

L'autel de saint Vinceslas et celui des
saints Proces et Martinien, mosaïque de
Cristofari ;

Et celui de saint Erasme, mosaïque
d'après le Poussin.

9. Au bas, côté de droite du sanctuaire :

1. Le monument sépulchral de Clément XIII par Canova ;

2. L'autel de la Barque de saint Pierre, mosaïque du Lanfranc ;

3. L'autel de saint Michel, mosaïque d'après le Gnide ;

4. L'autel de sainte Petronille, mosaïque d'après le Guerchin ;

5. Le monument sépulchral de Clément X, d'après les dessins de Rossi.

6. L'autel de la thabite, mosaïque d'Ottaviani.

10· Dans le sanctuaire, recueille-toi, et contemple :

La belle Chaire de saint Pierre, soutenue par quatre apôtres, formant un magnifique groupe, par le Bernin :

A droite, le monument sépulchral d'Urbain VIII, par le même ;

A gauche, celui de Paul III, par Guillaume de Laporte. Je laisse de côté la Gloire posée sur la Chaire, et le magnifique buffet d'orgues.

11. Au bas, côté de gauche du sanctuaire, remarque :

1. Le monument sépulchral d'Alexandre VIII ;

2. L'autel de saint Pierre et de saint Paul, mosaïque du Mancini ;

3. L'autel de saint Léon le grand, bas relief d'Algardi ;

4. L'autel de la Vierge à la colonne ;

5. L'autel de Simon le magicien, tableau en ardoises par Vanni ;

6. Le monument sépulchral d'Alexandre VII, par le Bernin

12. Au transepts de gauche, trois autels :

1. Celui de saint Thomas, mosaïque d'après Camuccini ;

2. Celui du crucifiement de saint Pierre, mosaïque d'après le Gnide ;

3. Celui des Stigmates, mosaïque d'après le Dominicain.

13. Dans le bas coté de gauche, l'on n'admire pas assez le fameux tableau de Romanelli, placé sur la porte de la sacristie : si tu franchis la porte pour parcourir ;

1. Les corridors,

2. La sacristie commune,

3. Celle des bénéficiers ;

4. Celle des chanoines,

5. La demeure des chanoines,

6. Le bâtiment extérieur,

Prends garde de t'égarer comme dans un labyrinthe : Estime-toi heureux si tu peux gagner la porte d'entrée du chœur, et revenir au 4me pilastre du bas-côté de gauche pour y voir :

1. L'autel d'Ananie et de Saphire ;

2. L'autel de la Transfiguration, mosaïque d'après l'original de Raphaël, conservé à la galerie du Vatican ;

3. L'autel de saint Grégoire le grand, mosaïque d'après Sacci ;

4. Le monument sépulcral de Pie VII, par Thoraldsen ;

15. Viennent ensuite entre les pilastres qui suivent :

A droite, le monument sépulcral de Léon XI, par l'Algarde ;

A gauche, celui d'Innocent XI, par Mannot ;

16. Tu regardes encore avec plaisir, la belle chapelle du chœur, où les chanoines psalmodient tous les jours leurs offices, au chant mélodieux de la chapelle sixtine.

17. Entre les pilastres qui suivent :

Le tombeau provisoire du dernier Pape défunt,

Et celui d'Innocent VIII, par Pallajoli.

18. Quelques pas de plus, et tu rencontres les deux dernières chapelles du fond de l'église, dont l'une est dédiée à la présentation de la Vierge, et l'autre sert de baptistaire; elles sont ornées de mosaïques de Cristofari.

Reviens sur tes pas pour visiter la Coupole.

La Coupole

Avant d'en ouvrir la porte, admire le beau monument sépulcral des Stuarts par Canova, et celui de Marie Clémentine, reine d'Angleterre, par Bracci.

Monte cet escalier, dont la pente est si douce que deux chevaux de front pourraient la gravir jusqu'au dessus des voûtes; si tu es fatigué, désaltère-toi aux limpides eaux de la belle fontaine qui coule sur l'édifice; promène-toi sur les dalles inclinées dont il est pavé; en passant admire ces huit belles statues qui ornent la façade extérieure du portique; mais hâte-toi, plus de 500 marches te séparent encore de la boule en cuivre qui couronne la Coupole.

A la première porte que tu rencontreras, ne manque pas d'entrer dans la première galerie intérieure, pour admirer les belles mosaïques dont les murs sont tapissés. Sous tes pieds se trouve l'inscription : *Tu es Petrus etc.* Monte encore et visite la dernière galerie intérieure ; jette les yeux vers le pavé, et dis-moi si l'on ne prendrait pas pour des petits enfants les hommes qui prient au tombeau de saint Pierre? Un effort de plus, et te voilà dans la galerie extérieure qui se trouve sur la Coupole ;

Approche sans crainte de la rampe en fer dont elle est entourée, et considère le beau panorama qui s'offre à ta vue : tu distingueras tous les monuments de la ville éternelle ; le fleuve tranquille du Tibre avec ses six ponts ornés de statues, et cette belle campagne de Rome, parsemée de villas, où croissent presque sans culture la vigne et les oliviers :

Au sud, remarque le camp retranché qu'occupe, depuis bientôt six ans, l'armée française ; au nord-ouest , la porte du peuple, contre laquelle fut dirigée une fausse attaque, qui permit à l'armée du camp de forcer la porte Saint-Pancrace, et de se rendre maître du faubourg transtévère et de toute la ville. Tu ne manqueras pas d'observer que si nous avions eu à faire à un ennemi courageux, ce succès ne nous aurait pas livré la ville ; en effet, il était maître du fort Saint-Ange, et il lui suffisait de rompre les ponts du Tibre pour arrêter les efforts de nos soldats.

Mais ces détails n'entrent pas dans ton plan ; tu veux voir la boule ; monte donc cette échelle en fer, qui se dresse presque perpendiculairement dans l'étroite lanterne posée sur la coupole, et te voilà tout à fait dans cette boule qui, de la place te paraissait de la grosseur de ta tête : qui t'eût dit qu'elle peut contenir seize hommes dans son sein ? Ne regarde pas par les meurtrières, 139 mètres te séparent du sol ; le vertige pourrait te gagner ; crois-moi, hâte-toi de descendre, l'air de la boule est chaud, et la Béatification va commencer :

La Béatification

Telle est, mon cher ami, la basilique de Saint-Pierre, dans laquelle fut célébrée la plus belle cérémonie que j'aie vue de ma vie ; les murs intérieurs étaient recouverts de draperies rouges ; le sanctuaire était orné avec un goût exquis ; le tableau voilé de la bienheureuse Bergère, était placé dans la Gloire qui couronne la Chaire de saint Pierre, et tout autour plus de deux cents lustres formaient une double couronne étincellante de lumière ; les côtés n'étaient pas moins bien ornés : ils étaient couverts de lustres en cristal et de candélabres en or, où brillaient plusieurs milliers de bougies ; on y voyait avec satisfaction des tableaux représentant les miracles de la bienheureuse Germaine. Je n'ajoute plus rien, car je confesse mon insuffisance pour décrire les décorations et cette magnifique illumination qui éblouissait les yeux des spectateurs.

Bien avant dix heures vinrent prendre place dans des tribunes réservées,

M. de Rayneval, ambassadeur français, avec une nombreuse suite, M. le
général commandant l'armée française
à Rome avec un nombreux et brillant
état-major en grande tenue; les dames
françaises et étrangères aux toilettes
élégantes, dans des tribunes élevées, et
l'élite des Français et étrangers dans
d'autres tribunes plus basses.

A dix heures et demie, on aperçut,
se dirigeant vers le sanctuaire, un cortége grave et silencieux composé de
Cardinaux, de Chanoines et Bénéficiers
de Saint-Pierre, d'Archevêques, d'Evêques, et de Camériers, qui vinrent se
placer dans les deux rangs de fauteuils
disposés au milieu du Chœur. Je vis
avec satisfaction, que M. Roger, vicaire-général du diocèse de Toulouse, occupait avec MM. Barthier et de Juillac,
chanoines du même diocèse, une place
d'honneur au-dessus des archevêques et
évêques, tandis que Monseigneur Estrade, camérier d'honneur du Saint-Père,
et postulateur de la béatification, s'était
modestement placé après ces prélats :
ces préliminaires remplis, il y eut un
temps d'arrêt.

Mais bientôt après, son Eminence Monseigneur Patrici, préfet de la sacrée congrégation des Rites, ayant autorisé la publication du bref de béatification, un membre de cette congrégation monta sur une chaire élevée d'où il en donna lecture aux 10,000 spectateurs qui remplissait la basilique.

Jusques-là, la cérémonie avait été passablement monotone; mais la lecture terminée, le voile qui recouvrait le tableau de la bienheureuse Germaine tomba comme par enchantement. Le premier coup de canon du fort se fit entendre, et les chœurs des chantres entonnèrent un *Te Deum* d'actions de grâces, accompagné du son harmonieux des orgues... Ce fut un moment solennel et imprévu; nous nous crûmes transportés dans le séjour des anges : et pendant les deux heures que dura encore la cérémonie, ce ne furent que des chants et des accords ravissants; de l'avis des connaisseurs, la musique pontificale se surpassa elle-même, et fit entendre une harmonie digne des cieux.

Trop tôt finit, au gré des spectateurs,

cette cérémonie auguste et religieuse ; trop tôt cessèrent ces chants divins.

Les nombreux fidèles qui en furent témoins ne savaient quitter leurs places, fascinés qu'ils étaient par le charme des symphonies célestes qu'ils venaient d'entendre ; ils partirent lentement et à regret de la basilique, tout en se promettant d'y revenir le soir, à l'adoration du Saint-Père.

Cérémonie du Soir.

Le soir, l'illumination était plus belle; une foule plus compacte avait, de bonne heure, envahi la basilique ; tous les spectateurs avaient les yeux tournés vers la porte par laquelle devait arriver le chef de l'Eglise : enfin, vers les six heures, la grande porte s'ouvrit, et donna passage à un nombreux cortége de cardinaux, camériers, chanoines, archevêques et évêques ; au centre, et à son maintien majestueux et riant, on distinguait Sa Sainteté Pie IX, revêtu de ses habits pontificaux ; il s'avança jusqu'au sanctuaire où il s'agenouilla

pour prier pendant un quart d'heure ;
le peuple unissait ses prières à celles de
son premier pasteur tout en cherchant
à considérer ses traits.

La prière finie, Sa Sainteté se retira
dans le même ordre au Vatican; et aus-
sisôt se fit entendre l'harmonieuse musique pontificale, pour ne cesser qu'après
les vêpres qui furent chantées avec une
pompe extraordinaire.

Ainsi finit cette cérémonie qui laissera
de pieux et profonds souvenirs dans
l'âme de tous les fidèles qui ont eu le
bonheur d'y assiter.

ÉPISODE.

Le lendemain tout le monde parlait
encore de cette fête ravissante, et ne
tarissait pas sur les éloges mérités par
Monseigneur Estrade qui en avait diri-
gé et surveillé tous les détails ! Je vou-
lus faire connaissance avec ce dignitaire
de l'église romaine, et je me présentai
chez lui : il me reçut avec bonté, me
combla de caresses, et remplit mes po-
ches d'estampes de la bienheureuse

Germaine : un homme aussi affable mérite une biographie, je te l'envoie telle que je l'ai recueillie sur les lieux.

Monseigneur Estrade est un prêtre français, ancien curé de Cadours, que feu Monseigneur d'Astros, archevêque de Toulouse, envoya à Rome en qualité de postulateur de la béatification de Germaine Cousin :

Lorsqu'en 1848, Sa Sainteté Pie IX était gardée à vue, par les Républicains, qui ne permettaient à personne de se présenter au Vatican, Monseigneur Estrade fut assez heureux pour y pénétrer, et remettre à sa Sainteté une dépêche, dans laquelle on la prévenait de se déguiser et de se rendre la nuit, dans un certain lieu, où l'Ambassadeur français lui avait heureusement ménagé la voiture qui devait transporter notre bon Père à Gaëte. L'évasion ayant réussi, mal en prit à Monseigneur Estrade qui fut jeté en prison d'où il ne sortit qu'à la prise de Rome par l'armée française : de là, sa nomination à la place de camérier d'honneur du Pape ; et je ne serais pas étonné si, quelque bon jour, j'apprenais sa promotion à un évêché.

CONCLUSION.

Dans la journée, Monseigneur Estrade offrit à Sa Sainteté les cadeaux d'usage qui consistent, en un bouquet de fleurs artificielles, un tableau, la vie, la gravure et une relique de la Sainte ; il était accompagné par une trentaine de Français tant prêtres que laïques de Toulouse : Sa Sainteté fut on ne peut plus aimable ; elle répondit avec bonté au discours que notre vénérable archidiacre, M. Roger, lui avait adressé : elle eût quelques mots bienveillants à dire à chacun des assistants, et se retira dans son cabinet particulier, où elle voulut encore entretenir M. l'abbé Roger et Monseigneur Estrade.

De plus longs détails finiraient par t'ennuyer, aussi je finis ma lettre, et te prie d'agréer, etc.

SÉVERIN BOUÉ.

Saint-Gaudens, imprimerie d'Abadie.